Weiter Horizont

Ich wünsche Dir einen weiten Horizont,
um Neues zu sehen.
Offene Augen und ein fröhliches Herz
sollen Deinen Geist beflügeln.
Gottes Gnade schenke Dir
Durchblick und Lebensfreude.

Monika Bylitza

Ich will frei sein

Ich will frei sein
Ich will denken
Nur die Wahrheit
Soll mich lenken

Ich will frei sein
Ich will singen
Echte Freude
Lässt mich schwingen

Ich will frei sein
Ich will sagen
Gute Worte
Weitertragen

Ich will frei sein
Ich will bauen
Hoffnungsorte
Und vertrauen

Roland Werner

Es gehört mehr Mut dazu,
seine Meinung zu ändern,
als ihr treu zu bleiben.

Friedrich Hebbel

Den Blick weiten

Brecht auf
die Mauern der Starrsinnigen
als Durchbruch für Weitblick

Habt Acht
vor dem falschen Propheten
im trügerischen Gewand

Geht
auf dem Weg zum Leben
in verantwortlicher Entscheidung

Kostet
von den frischen Früchten der Stärkung,
begnügt euch nicht mit Trockenobst

Schaut
auf den täglichen Segen
unabgelenkt von protzigem Prunk

Augen auf,
weiter Blick
im Augenblick

Kerstin Müllers

Irrweg gewagt

Ist das richtig?
Macht das Sinn?
Stimmt das
mit meiner
Ahnung überein?

Habe nach dem Weg gefragt
und eine Antwort
bekommen
aber keine Garantie –
unschlüssig stehe
ich auf der Stelle.

Mir bleibt nur eins:
Entschlossen tausche
ich die Suche
nach Sicherheit
gegen Wagemut,
gehe meinen Weg,
einen Irrweg
in Kauf nehmend,
endlich vorwärts!

Ann Kathrin Horstmann

Tiefe Wurzeln

Ich wünsche Dir tiefe Wurzeln,
die Dir Halt und Schutz geben, um
standhaft zu sein. Ein gesundes, kraftvolles
Wurzelwerk, das Dich mit allem versorgt,
was Du für Dein Alltagsleben brauchst.
Spüre die Quelle, deren Ursprung
sich in Christus findet.

Monika Bylitza